Leonore Dubach

Die Natur bricht ihr Schweigen

Leonore Dubach

Die Natur bricht ihr Schweigen

Goldene Rakete Verlag für Belletristik

Imprint

Any brand names and product names mentioned in this book are subject to trademark, brand or patent protection and are trademarks or registered trademarks of their respective holders. The use of brand names, product names, common names, trade names, product descriptions etc. even without a particular marking in this work is in no way to be construed to mean that such names may be regarded as unrestricted in respect of trademark and brand protection legislation and could thus be used by anyone.

Cover image: www.ingimage.com

Publisher:
Goldene Rakete Verlag für Belletristik
is a trademark of
International Book Market Service Ltd., member of OmniScriptum Publishing Group
17 Meldrum Street, Beau Bassin 71504, Mauritius

Printed at: see last page
ISBN: 978-620-2-44434-7

Die vier
Jahreszeiten
blühen und vergehen
nach ihrer Bestimmung
Jede hat ihre Zeit
vollendet schliesst
sich der Kreis

Schatten
Du bist ein
Verwandlungskünstler
legst dich im Frühling
wärmend über mich
im Sommer kühlend
streifst mit mir
durch die bunten
Wälder im Herbst
erschreckst mich
im Winter
zu Tode
hinter hohen
Schneemauern

die Natur
malt im März
die Wiesen grün
setzt hie da
den Pinsel an
bunte
Farbtupfer

Kaum hat der Winter
seine frostigen Hände
vom Eis gelöst
drückt der Frühling
einen Kuss auf die
brodelnde Erde
bricht die Knospen auf

Wenn das Glöckchen
über dem Schnee
zaghaft das
das weisse
Röckchen hebt
blinzelt der Frühling
um die Ecke

Bunt treibt es
die Natur treibt
mancherlei Arten
viel Becher im März
und Glöckchen
überm Schnee
da verabschiedet
sich der Winter
sagt uns Ade

Sonnenstrahlen
blinzeln tanzend
durchs Geäst
gesprenkelter
Schatten
wirft Lichtpunkte
auf die Bäume

In einer lauen
Frühlingsnacht
zaubert der
Waldgeist
für jeden Baum
das passende
Blätterkleid

Trauerweide

Warum soll ich
um den Weidenbaum
rauern wenn mich
das Kätzchen am Strauch
kitzelt

Gesponnen

Zusammen spinnen
Netze
aus Träumen weben

Sonnenstrahlen
wecken
kitzeln mich
der frühe Gesang
der Amsel stimmt
mich froh
tief atme ich die
die kühle Luft ein
es raschelt und summt
im Geäst
der Frühling rollt
seinen Blütenteppich aus

Während ein Sonnenstrahl
en Berg, die Natur berührt
den frühen Morgen küsst
fällt im Tal eine Träne der Freude
in die munter fliessende Quelle
die Hügel erheben sich
das Morgenrot verdrängt
die düsteren Wolken
die Schwere der Nacht
löst sich auf
grenzenlos fliessen
die Gedanken
weit breitet die Freiheit
ihre Flügel aus

Hartnäckig
hockt der Frost
in den Ästen
krallt sich fest
verlassene Nester
liegen wie schwarze
Wollknäuel in
den Bäumen
es wispert leise
im Strauch
knackt im Gehölz
noch fröstelnd
zieht das Frühjahr
verborgen unter
der Erde
seine grüne Spur

Schmetterlinge
entpuppen sich
im Bauch
zu zerbrechlichen
Unruhrstiftern
flatterhaft
suchen den Ort
den man Lust auf
auf Liebe nennt

Den Frühling
mit Freude
erwarten
die Natur aus dem
Winterschlaf wecken
sehnen nach Fülle

Glück lässt sich
nicht vierblättrig aus
der Erde reissen

Die Natur bricht
ihr Schweigen
lockt den Frühling
aus dem Winterschlaf
Vogelgezwitscher
kündigt
Neubeginn an

Frühlingsrollen

Den Winter
machen wir platt
rollen uns
ins Frühjahr
bis wir grün sind
entblättern
den Terminkalender
Seite um Seite
im keimenden Monat März
falten Papierflieger
heben ab
schweben mit dem Wind
der unsere Sinne
mit süssen Frühlingsduft
betäubt
Verzückung
Entrückung
sachte fallen wir heraus
aus gesponnenen Träumen
atemlos rollen
wir uns aus

Wenn der frühe
Gesang
der Amsel
mich weckt
ein Sonnenstrahl
mir die Nase kitzelt
das plätschern
vom Bach
meinen Geist
erfrischt
Ideen keimen
dann ist es Zeit
mein bequemes
Nest zu verlassen
Verkrustetes
weg brechen

Den Samen
vom Wind gesetzt
vom Regen berieselt
auf den Aufbruch
warten
wenn sich die Knospen
aus der harten
Krume herausschälen
nur kurz ist die Zeit
der Blütenpracht

Heide Röslein
Zart wie Flaum
fallen rosa Blütenblätter
lautlos zu Boden
ein kurzes Dasein
zerbrechlich wie Flügel
kaum erblüht
trägt der Frühlingswind
sie fort ein
zarter Kuss
ein sanftes Streicheln

Das unscheinbare Kleine
gewinnt an Grösse
lässt man ihm
genügend Zeit
sich zu entfalten
zu wachsen
was zu schnell
in die Höhe schiesst
nicht stufenweise
zum Himmel wächst
hat keine Kraft
unbarmherzig
versengt es die
die Sonne

Über herabhängenden
Zweigen
vom Weidenbaum
ein zartgelber
Schleier
eingerollte Blätter
befreit vom Winter
öffnen sich zaghaft
durch die Kraft
der Sonne
aus der Ferne betrachtet
ein goldenes Feuerwerk
nichts erinnert an die
Trauer einer Weide

*SOMMER

Leuchtend bunt
das Farbenspiel
in meiner kleinen Oase
Blütenpracht
umrahmt von
grünen Hecken
und Büschen
ein alter Korbstuhl
lädt zum träumen
unter dem knorrigen
Apfelbaum ein
spendet Schatten
nur das plätschern
vom nahen Bach
durchbricht die Stille

Klatschmohn

Rot klatscht der Mohn
mir feurige Röte
ins Gesicht
träufelt Verlangen
betäubt die Sinne

Der Baum

Verzweigter Ast
behängt mit
Liebesblüten
Stamm geritzt
Liebesschwüre
aus der Rinde
tropft Sehnsucht

In voller Blüte
tanzt der Sommer
betörend duftend
durch meinen
Garten
wirbelt honigsüss
die Erinnerung auf
legt sich wie
ein Geliebter
neben mich
der sanft meine
Haut berührt

Weckruf

Zu früher
Morgenstunde
weckt mich
die Amsel
singt mir ihr Lied
um das Licht
zu grüssen
mir die Schönheit
der Natur
eines jeden neuen
Tages

Sonnenstrahlen
blinzeln tanzend
durchs Geäst
gesprenkelter
Schatten
wirft Lichtpunkte
auf die Bäume

Holunderblüten

Cremeweiss
rücken hundert
Sterne zusammen
verströmen einen
zauberhaften Duft
Insekten naschen
von den Blüten
verlieren sich
in der Süsse
die schwarzen
Beeren
überlassen sie
den Singvögel

Moos

Den Kopf gebettet
auf grünem Moos
ausruhen auf
feuchtwarmer Erde
samtweiche Gedanken
im Schlummerschatten
träge räkelt sich
die Ranke am
Strauch der Fantasie

Löwenzahn

Leicht und rund
wie eine Seifenblase
zarte Fallschirme
lachend wegpusten
schwerelos segeln sie
durch die Lüfte
tragen den Samen
zum Himmel
nach langer Reise
keimt er erneut auf
goldgelbe Pracht
leuchtet
in sattem Grün

Rosenstrauch

In meinem Garten
ein Rosenstrauch
verblüht verzweigt
behängt mit Regentropfen
sie weben einen Umhang
aus tausend Diamanten
kalt farbig schimmernd
wecken Erinnerungen
an den Sommer mit
seiner Leidenschaft
dem betörenden Duft
einer Rose

Ausgestreckt
träumend liegen
einer Lichtung
auf sattem Grün
das Rauschen
der Blätter über mir
das weiche Moos
unter mir
verwurzelt
mit der dunklen Erde
weisse Wolken
schieben sich ins Himmelblau
werfen leichte Schatten
auf geschlossene Augen

Berauscht vom Gift
im Frauenschuh
gefährlich schön
liegt der Käfer taumelnd
in der Pantoffelblume
am Schwanenteich
Feen flüstern im Flor
bringen Trompeten-
und Glockenblumen
zum Klingen
Hummeln
summen das Märchen
vom Zaren Saltan

Springende Gedanken
spriessen Grün bei mir
ins Kraut
ersticken Gelb im Sumpf
der Dotterblumen
Text abgeschossen
durch das Rot
der Feuerbohnen
Träume in Blau

Flammend rot
die Drosselbeeren
dicht an dicht
hängen sie am Strauch
sie tuscheln über
die Menschen
die sie pflücken
schlagen und pressen
abfüllen danach
den Zaubertrank
geniessen

Ein Rinnsal
verbunden mit
kleinen Flussarmen
ineinander verwoben
bewegen sie sich hin
zur sprudelnden
Ouelle der Poesie

Sommerwind
streichelt warme Haut
beflügelt
im Aufwind

Ausgestreckt
träumend liegen
einer Lichtung
auf sattem Grün
das Rauschen
der Blätter über mir
das weiche Moos
unter mir
verwurzelt
mit der dunklen Erde
weisse Wolken
schieben sich ins Himmelblau
werfen leichte Schatten
auf geschlossene Augen

Abendruh

Majestätisch steht
der Wald
umgeben von
blühenden Sträuchern
und Weideland
eintauchen in die Stille
der grünen Oase
feuchte Schwere
legt sich über die Dämmerung
ein letzter Sonnenstrahl
kündigt die Nacht an

HERBST

Sonnenblume

Dunkelbraun
kreisrund
das Gesicht
golden bekränzt
leuchtend wie die Sonne
geniesst sie Bewunderung
den Grössenwahn
müde senkt sie
im Herbst
den schweren Kopf
befreit sich glücklich
von den Früchten
des Sommers

Leuchtend bunt
das Farbenspiel
in meiner kleinen Oase
Blütenpracht
umrahmt von Hecken
und Büschen
ein alter Korbstuhl
lädt zum träumen
unter dem knorrigen
Apfelbaum ein
spendet Schatten
nur das plätschern
vom nahen Bach
durchbricht die Stille

Im Herbst raschelt
durch das
Blattwerk eine
kraftvolle Symphonie
Sprachblätter
fallen auf mich herab
staunend schaue ich
hinauf zur Krone
hinab zu den Ästen
lesen kann ich
ihre Blättersprache nicht
kann ich be-greifen

Dunkel wie eine Festung
stehen sie majestätisch
dicht an dicht
die Tannen
spenden Schatten
die Sonne verschafft
sich Einlass
durch eine Lichtung
legt fächerartig
ihre goldenen Strahlen
auf Farn und Moos
es knistert und kichert
im Unterholz

Noch streckt er
seine
kräftigen Arme aus
der Baum
zeigt ein letztes Mal
sein farbenfrohes
Kleid
leichte Nebel
ziehen auf
der Herbst
verabschiedet sich
vom Sommer
langsam beginnt er
mit dem Entblättern

Ein leichtes Zittern
Ein zartes Beben
sanftes Lösen
lautloses Fallen
Abschied

Windig
säuselt der Sturm
durch das Geäst
zupft
die farbenfrohen
Blätter ab

Wenn im Herbst
braun glänzende Kastanie
aus ihrem grünen
stacheligen Kleid lachend
auf den Boden springt
steht sie der
schlummernden Knospe
die sich im Frühjahr
kokett den Winter
aus den Augen reibt
in nichts nach

Smaragdgrün
liegt kräuselnd
der Bergsee
alte Bäumen
werfen
lange Schatten

Erbarmungslos
reisst der Wind
die Blätter
von den Zweigen
ein Blutroter Ahornteppich
ergiesst sich
auf grauem Asphalt

Deine Heiterkeit
hüllte mich ein
wie die wohligwarme
Mittagssonne
im Herbst
der Wind blies
die bunten Blätter
fegte sie zusammen
kindlicher Übermut
liess mich dieses
Raschelwerk
in Höhe werfen

Lautlos lösen sich
im Herbst die Blätter
welk vom Baum
würdevoll machen sie
Platz dem neuen Leben
verabschieden sich mit
farbenfrohen Tänzen

Frühlingsluft
Sommerwind
Herbststurm
Kristallnacht
Blattwechsel
Schreiben wir
Eine Symphonie

Wohligwarm
hüllst du mich ein
wie die Mittagssonne
im Herbst
der kühle Wind
bläst die bunten
Blätter vom Baum
fegt die Letzten
von der feuchtwarmen
modrigen Erde
heiter schauen wir
diesem Treiben zu

Mittagsherbst
zerreisst die
zähen Nebel
golden überzieht
die Sonne
die Baumkronen
ein Blätterfeuerwerk
entzündet sich
vor tiefblauer Kulisse
vergessen ist das
Novembergrau

Am Morgen
nebelt der Herbst
sein Geheimnis ein
hütet es bis
zur Mittagszeit
um es farbenfroh
zu lüften
danach
reibt er es bunt

Still dämmert der Wald
wirft lange Schatten
vor sinkender Sonne
die Nacht
steckt voller
Geheimnisse

Sturmböig biegt
der Wind
die Bäume
braust mit
tosender Kraft
durch Zweig und Äste
rüttelt erbarmungslos
an den Blättern

WINTER

Blick aus meinem Fenster
an dürren Ästen
kahlen Baumkronen
hängen
weisse Plastikbeutel
der Sturm hat sie
herüber geweht
sie atmen ein und aus
singen leise
The answer is blowin`
in the wind

Mein Wald

In Dir
aus Dir
hole ich die Kraft
in der Stille
frei zu Atmen
unter deinem
grünen Blätterdach
finde ich
Schutz
erdiger Geruch
lässt mich träumen
Fabelwesen
huschen
an mir vorbei
verstecken sich
lautlos im Geäst
es ist Zeit
zu gehen

Verweist die rote Bank
offen das Tal
kein Baum
spendet mehr
Schutz und Schatten
öde ist die Welt ohne Euch
in mir brennt
das Wort Warum

Vom knorrigen Ast
vom Zweig sich lösen
einfach fallen lassen
ein grünes Blatt segelt
mit leichtem Wind
auf dem grossen
stillen See
fern dem Lärm
der Enge der Stadt
lässt sich ruhig mit der
Strömung
des Wassers treiben
die Ankunft ist
ungewiss

Eingefangenes
Grau
unter sprödem
dunkle Wolken
ziehen auf
Sonnenstrahlen
blinzeln in der Ferne
der See
schwer wie
flüssiges Blei
im Tal

Vor dem
November graut
es mir
Regen peitscht
ans Fenster
trommelt auf die Scheiben
Novemberblues
Braune Blätter
wirbeln
von pfiffigen
Windböen gejagt,
durch die
eiskalte Luft

Bleibeinig
schwerlidrig
schubst der Herbst
die Sonnenanbeter
in ein dunkles Loch
aus der Tiefe
kriecht Kälte
flüstert
Melancholie

Die Dämmerung webt
silbrige Fäden
die Nacht
legt sich still auf
das gefrorene Land
ein letzter Gruss
am Horizont

In kristallner Nacht
zieht der Frost durch
meinen Garten
legt zarte Schleier
verzaubern ihn
in einen
glitzernden Eispalast

Gefrorene Schleier
bedecken das Land
verzieren Pflanzen
und Bäume mit
besetzt mit tausend
Diamanten

Schwere Wolkenkissen
ein Silberstreifen leuchtet
am Abendhimmel
eisiger Wind
kündigt
Schneegestöber an

Klirrend kalte die Nacht
Nebelschleier bedecken
das Land
legen sich auf
Sträucher und Bäum
Diamantbesetzter Rand
am Rauhreifsaum

In frostigkalten Nächten.
trägt die Nebelfee
zarte Schleier
verzaubert meinen Garten
in ein Wintermärchen
filigrane Kunstwerke
funkeln in Weiss

*Die Natur weint
Gedanken zu geschundener Erde

Geschundene Erde
Blumen
schmucklos
Vögel verstummt
auf Gräbern
wie offene Wunden
Körper ruhen
in kühler Tiefe
zurückgeben
die Natur
weint
ein Aufschrei
durchfährt
die Betonwüsten

Fruchtbares
Land brach ein
weil man es aufbrach
um Giftmüll
zu vergraben
so brach man ihm
das Genick

Indem wir das Eine schützen
zerstören wir das Andere
in dem Irrglauben
der Natur hilfreich
zu sein

Waldsterben

Leise wispert es
im Geäst
dürres Laub hängt
an müden Zweigen
frühmorgens
setzt die Säge
zum sauberen
Schnitt an
Wehklagen
unter den Bäumen
ein letzter Duft
ein Hauch

Autobahn
Durch den Bau
der Autobahn
wird ein Dorf in zwei
Hälften geteilt
Einspruch im Schotter
vergraben
Bedenken unter dem
Asphalt platt gewalzt
nicht auszurottendes
Unkraut begrünt
die Strassenränder
mit Poesie und
leistet Widerstand

Flucht
oder Ankunft
hier
die letzte
Ruhe finden
irdisches ablegen
Ort der Stille
der Wald
die Bäume
nummeriert
allein oder
in Gruppen
wird sie
verstreut
die Asche
ein letzter Gruss
ist er noch
so friedlich
der Wald

Herbst

Nichts ahnend weiden
die Kühe in der noch
warmen Herbstsonne
reiben sich wund am
metallenen Baugespann

Rupfen mit rauer Zunge
die noch verbliebenen
Grashalme aus der
vertrockneten Erde
verkaufte Heimat

Unter dem farbenfrohen
Blätterwerk der
kraftvollen Bäume
herrscht Geschwätzigkeit
Vögel zwitschern
stimmen die letzte
Herbstsonate an

Mein Dorf

Bausünden
versperren die Sicht
auf See und Berge
die Schönheit der Natur
ist verblasst
die Geschöpfe
haben wenig
Lebensraum
am Abend singt
ein Vogel
auf dem Ast
vom abgesägten
Apfelbaum

Nora Dubach

MIX
Papier aus verantwortungsvollen Quellen
Paper from responsible sources
FSC® C105338

Printed by Books on Demand GmbH, Norderstedt / Germany